Igor Sukhin

Chess Camp

Volume 2: Simple Checkmates

MONGOOSE
Press

Publisher: Mongoose Press
1005 Boylston Street, Suite 324
Newton Highlands, MA 02461
info@mongoosepress.com
www.MongoosePress.com
ISBN: 9781936277087
Library of Congress Control Number: 2010932524
Distributed to the trade by National Book Network
custserv@nbnbooks.com, 800-462-6420
For all other sales inquiries please contact the publisher.

Editor: Jorge Amador
Typesetting: Frisco Del Rosario
Cover Design: Al Dianov
First English edition
0 987654321

Contents

Note for Coaches, Parents, Teachers, and Trainers

The ability to deliver mate is the foundation of the art of chess. But in the mass of chess literature little attention is usually paid to this extremely important stage of learning – problems where you give checkmate in just one move. Books that do include exercises on this theme have three faults: a) the positions aren't classified; b) in the descriptions they tell you which piece will deliver mate, a circumstance which doesn't correspond to the reality of a chess game; and c) there are less than 300 problems, which isn't enough to acquire the skill of checkmating.

Our collection doesn't have those deficiencies. It contains 540 precisely-structured three-, four-, and five-piece positions that cover the typical mating setups for that particular number of pieces. There is also a practice section in the book (54 five-piece positions) and a section of entertaining puzzles (24 positions). After solving all 618 problems, the beginning chessplayer will master the typical mating patterns and gain a solid basis for further improvement.

Positions with Three Pieces
King + rook vs. king

White to move.

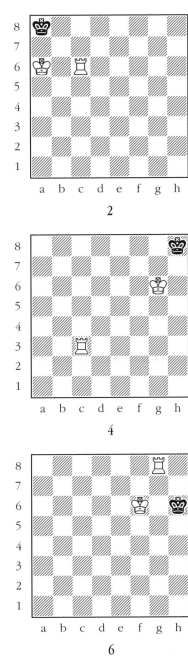

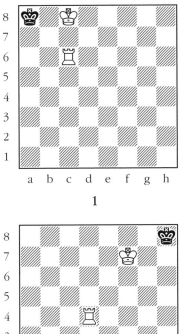

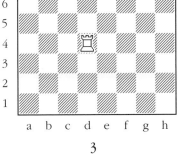

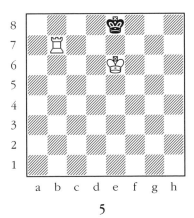

King + queen vs. king

Black to move.

7

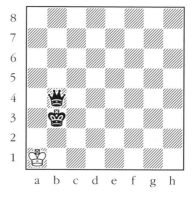

8

9

10

11

12

King + queen vs. king

White to move.

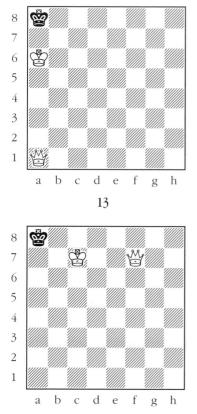

13

14

15

16

17

18

9

King + queen vs. king

Black to move.

19

21

23

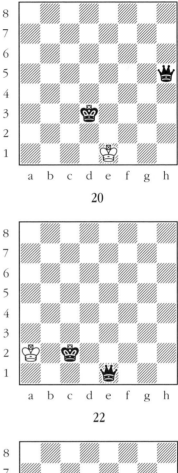

20

22

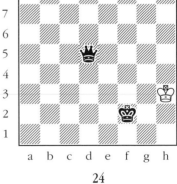

24

King + pawn vs. king

White to move.

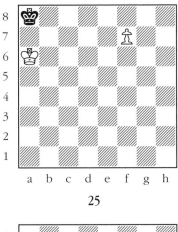

25

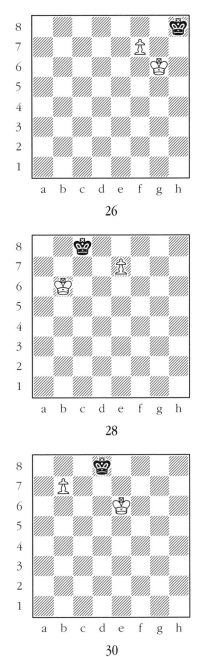

26

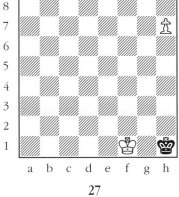

27

28

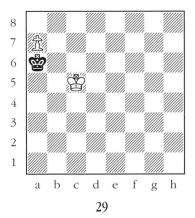

29

30

11

Positions with Four Pieces
King + rook vs. king + rook
White to move.

31

32

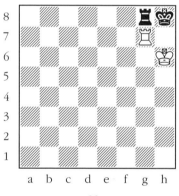

33

34

35

36

King + rook vs. king + bishop

Black to move.

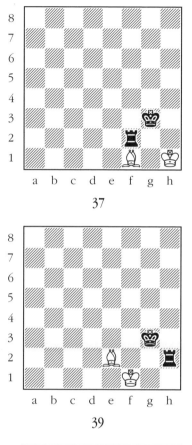

37

38

39

40

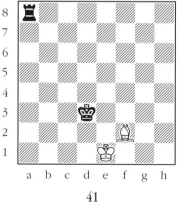

41

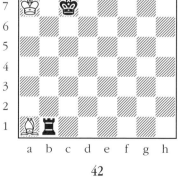

42

King + rook vs. king + queen

White to move.

43

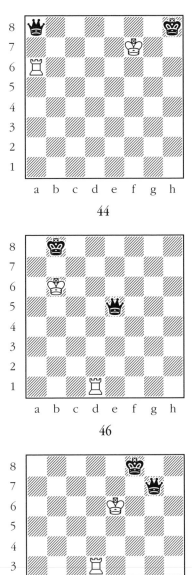

44

45

46

47

48

King + rook vs. king + knight

White to move.

49

51

53

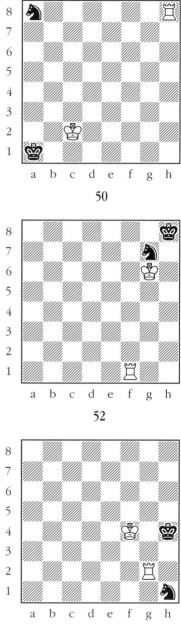

50

52

54

King + rook vs. king + pawn

Black to move.

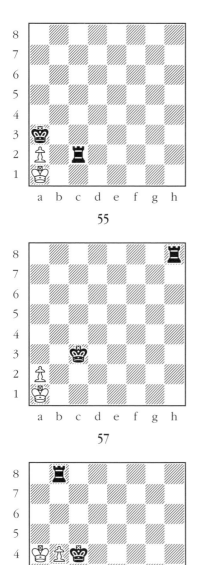

55

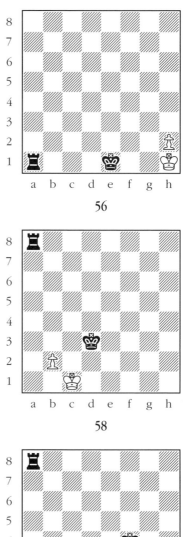

56

57

58

59

60

King + bishop vs. king + bishop
White to move.

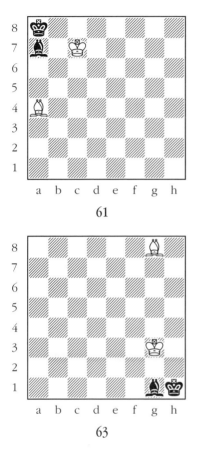

61

62

63

64

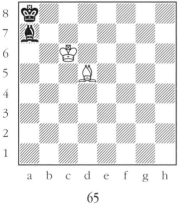

65

66

King + bishop vs. king + knight

White to move.

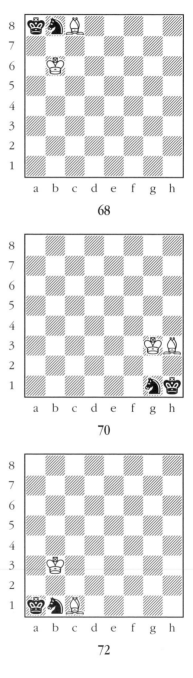

18

King + bishop vs. king + pawn

White to move.

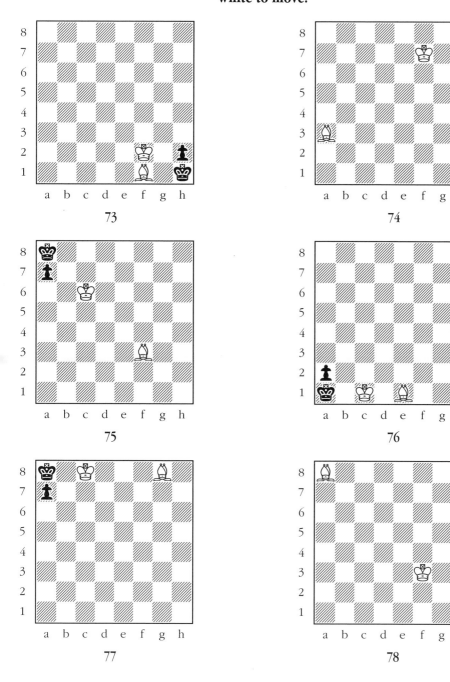

73

74

75

76

77

78

King + queen vs. king + rook

White to move.

79

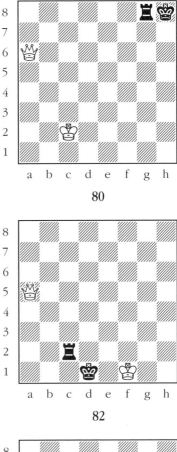

80

81

82

83

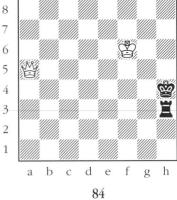

84

King + queen vs. king + rook

Black to move.

85

86

87

88

89

90

21

King + queen vs. king + bishop

White to move.

91

93

95

92

94

96

22

King + queen vs. king + queen

White to move.

97

99

101

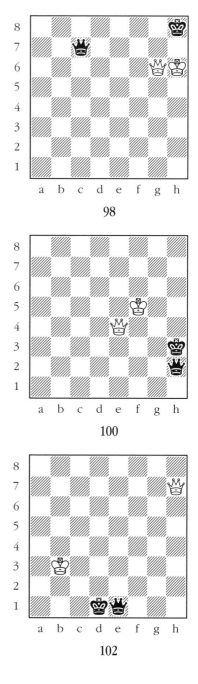

98

100

102

23

King + queen vs. king + queen

Black to move.

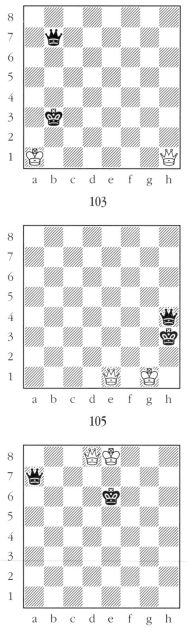

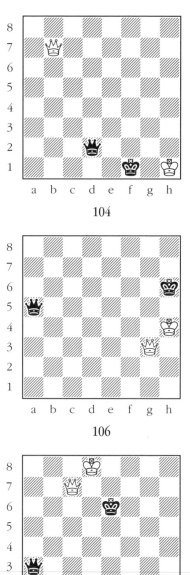

103

104

105

106

107

108

King + queen vs. king + knight

White to move.

109

110

111

112

113

114

King + queen vs. king + pawn

White to move.

115

116

117

118

119

120

26

King + queen vs. king + pawn

Black to move.

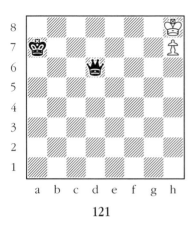

121

122

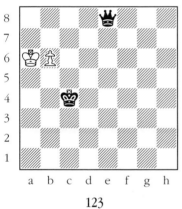

123

124

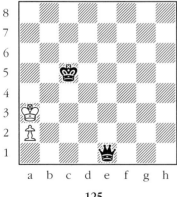

125

126

King + knight vs. king + rook
King + knight vs. king + bishop

White to move.

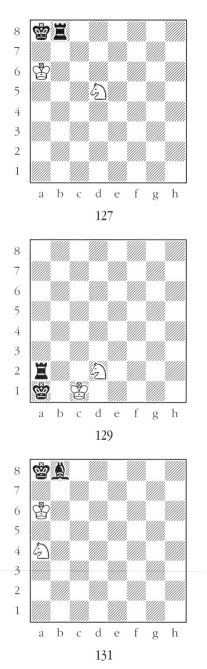

127

129

131

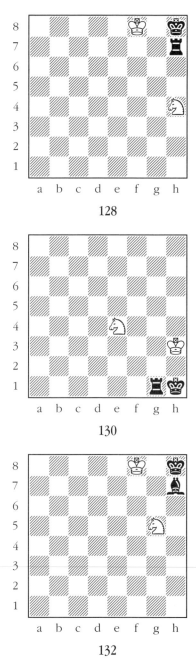

128

130

132

28

King + knight vs. king + bishop
King + knight vs. king + knight

White to move.

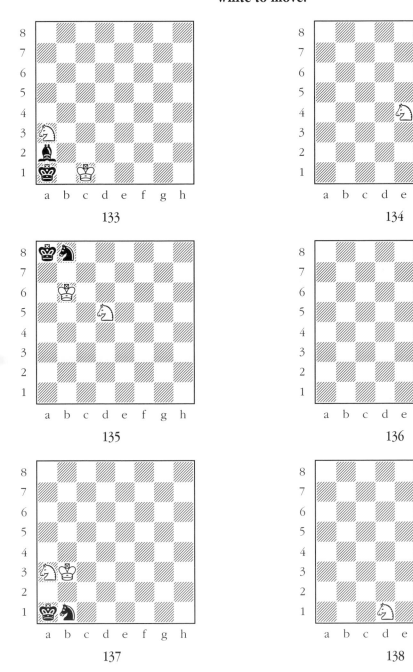

133

134

135

136

137

138

King + knight vs. king + pawn

Black to move.

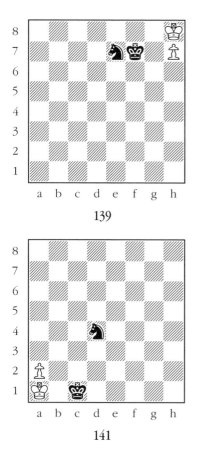

139

140

141

142

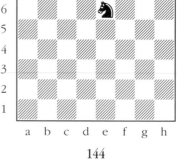

143

144

King + pawn vs. king + rook

White to move.

145

146

147

148

149

150

31

King + pawn vs. king + bishop

White to move.

151

152

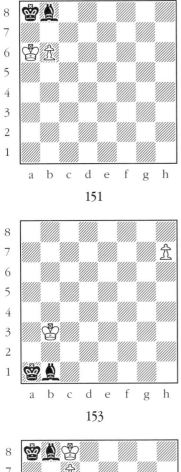

153

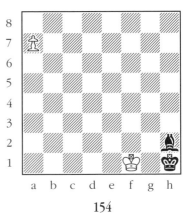

154

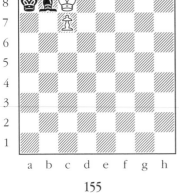

155

156

King + pawn vs. king + queen

Black to move.

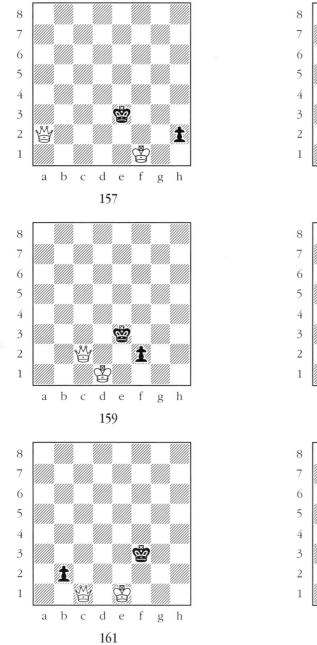

157

158

159

160

161

162

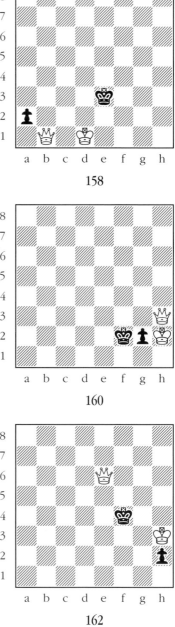

33

King + pawn vs. king + knight

White to move.

163

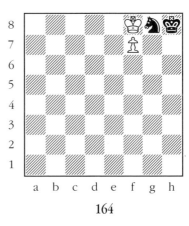

164

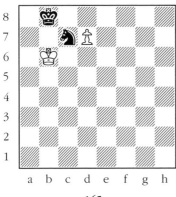

165

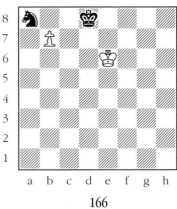

166

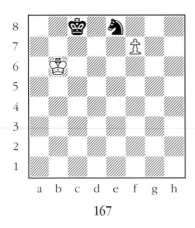

167

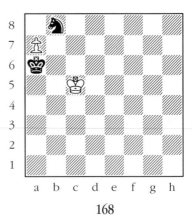

168

King + pawn vs. king + pawn

White to move.

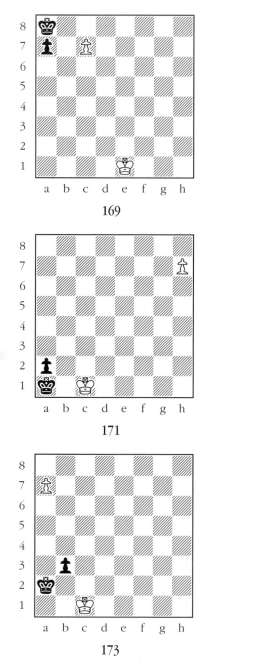
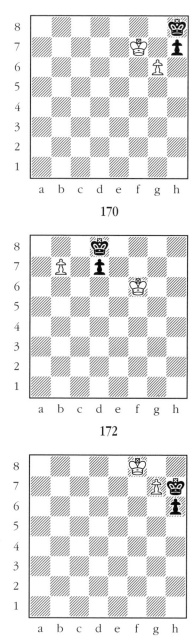

169

170

171

172

173

174

35

King + two rooks vs. king

White to move.

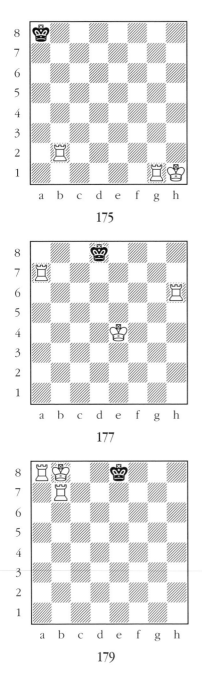

King + two rooks vs. king

Black to move.

181

182

183

184

185

186

37

King + two bishops vs. king

White to move.

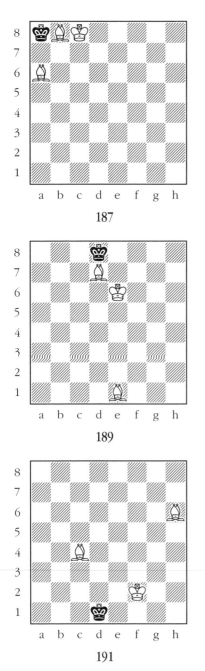
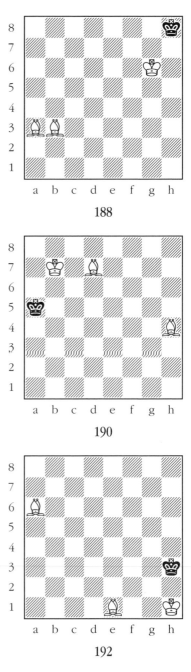

187

188

189

190

191

192

King + two queens vs. king

White to move.

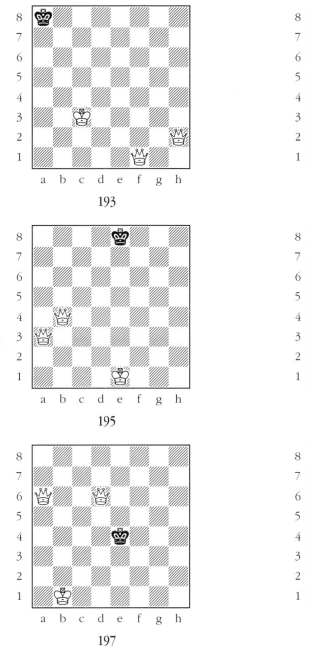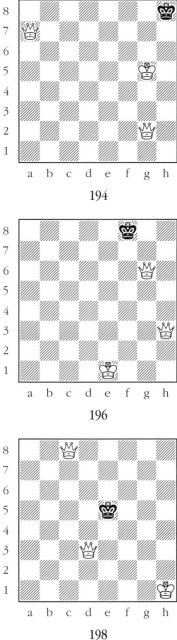

193

194

195

196

197

198

King + two knights vs. king

White to move.

199

201

203

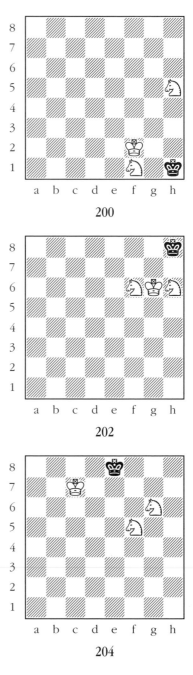

200

202

204

King + two pawns vs. king

White to move.

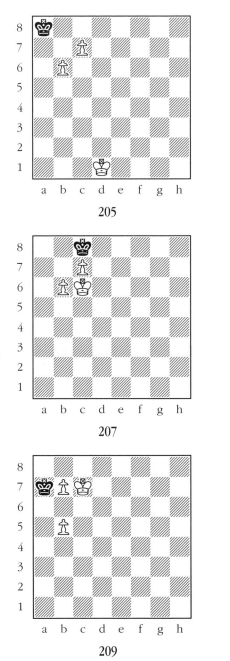

205

207

209

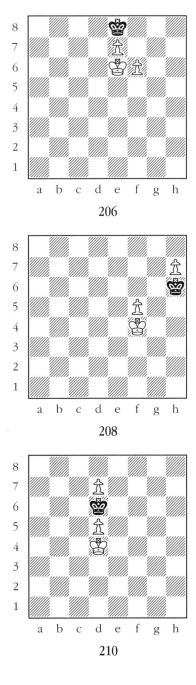

206

208

210

King + two pawns vs. king

Black to move.

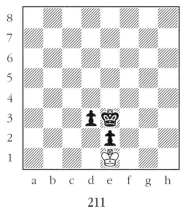

211

212

213

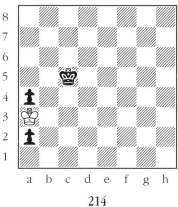

214

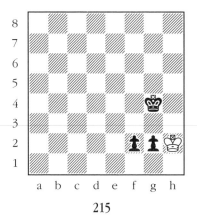

215

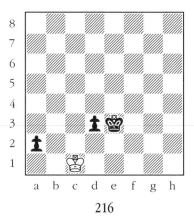

216

King + rook + bishop vs. king

White to move.

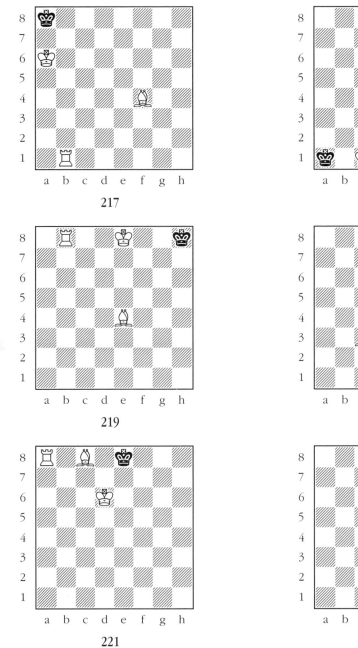

217

218

219

220

221

222

King + queen + rook vs. king

White to move.

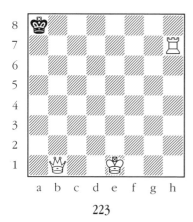

223

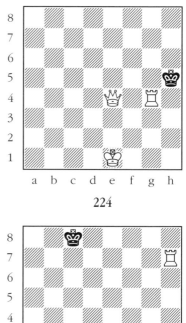

224

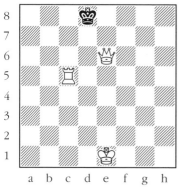

225

226

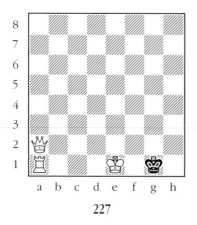

227

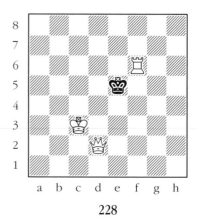

228

44

King + rook + queen vs. king

Black to move.

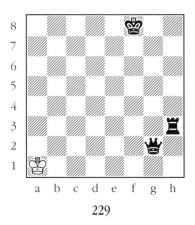

229

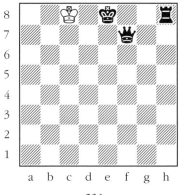

231

233

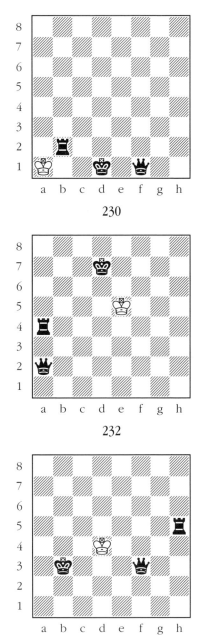

230

232

234

King + rook + knight vs. king

White to move.

235

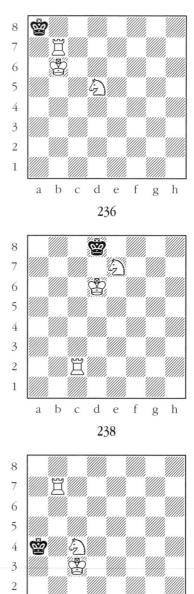

236

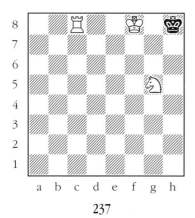

237

238

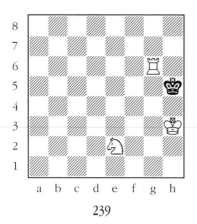

239

240

King + rook + pawn vs. king

White to move.

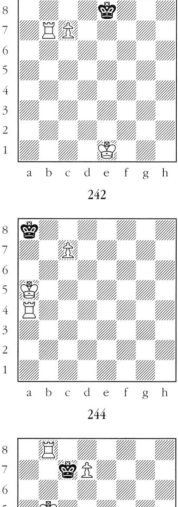

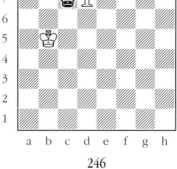

241

242

243

244

245

246

47

King + bishop + queen vs. king

White to move.

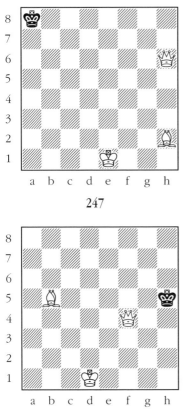

247

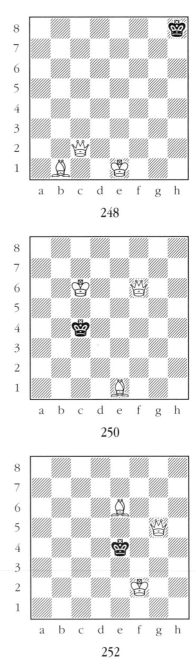

248

249

250

251

252

48

King + bishop + knight vs. king

White to move.

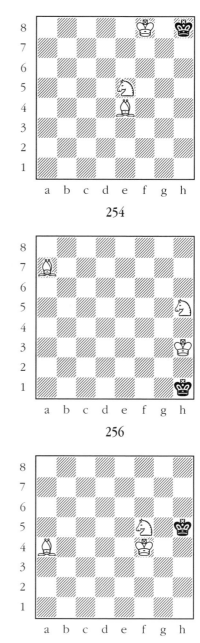

253

254

255

256

257

258

49

King + bishop + pawn vs. king

Black to move.

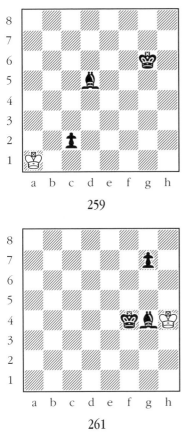

259

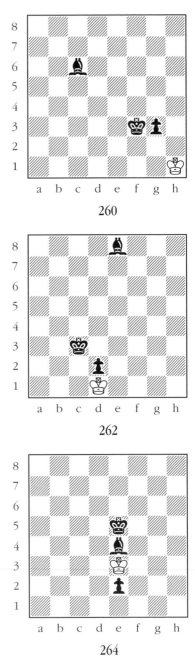

260

261

262

263

264

50

King + queen + knight vs. king

White to move.

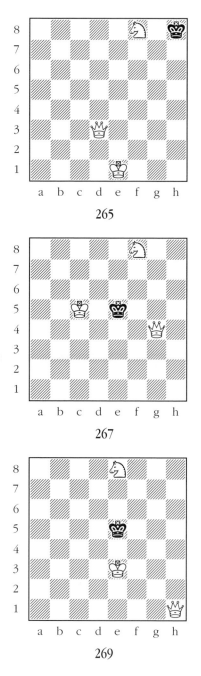

265

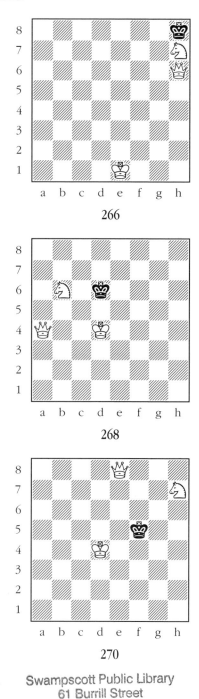

266

267

268

269

270

King + queen + pawn vs. king

White to move.

271

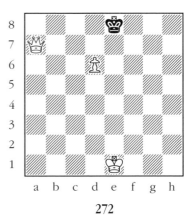

272

273

274

275

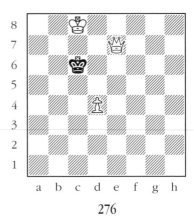

276

King + knight + pawn vs. king

White to move.

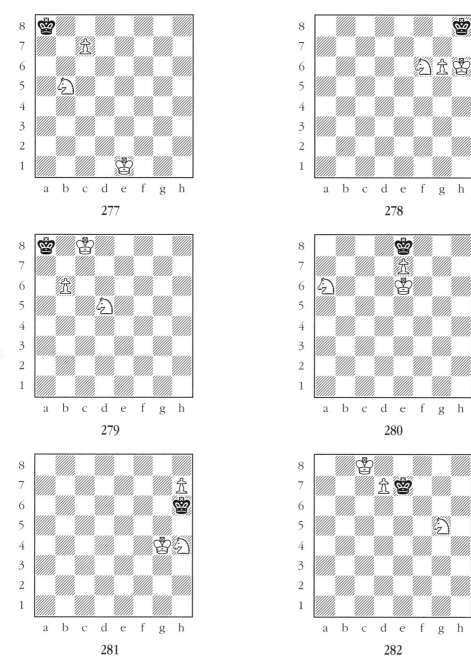

277

278

279

280

281

282

53

Positions with Five Pieces
King + rook vs. king + two rooks
Black to move.

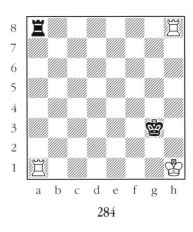

283

284

285

286

287

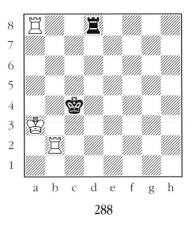

288

King + rook vs. king + two knights
King + rook vs. king + two pawns
White to move.

289

290

291

292

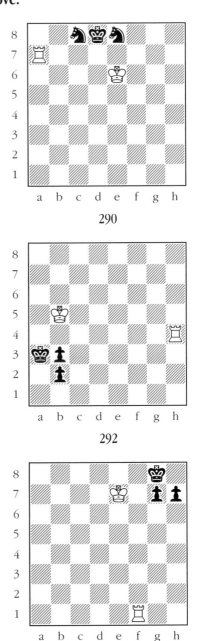

293

294

King + rook vs. king + rook + bishop
King + rook vs. king + rook + queen

White to move.

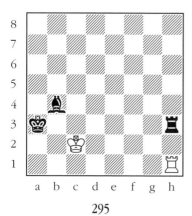

295

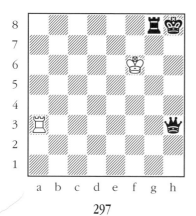

297

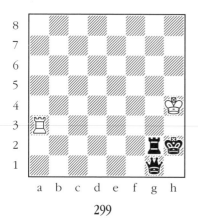

299

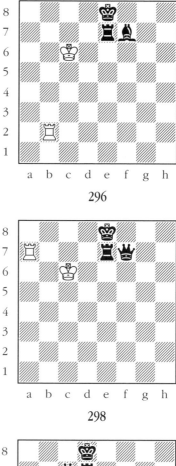

296

298

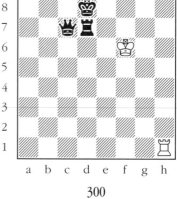

300

King + rook vs. king + rook + knight
King + rook vs. king + rook + pawn

White to move.

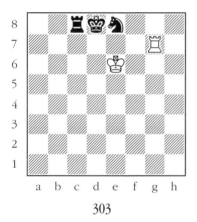

301

302

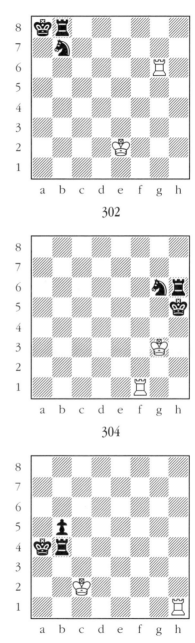

303

304

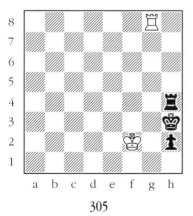

305

306

King + rook vs. king + bishop + queen
King + rook vs. king + bishop + knight

Black to move.

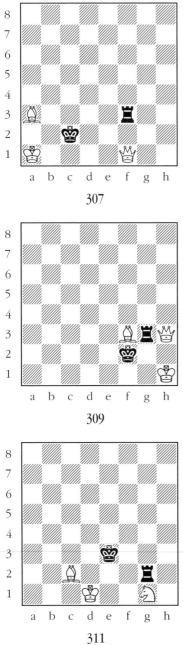

307

308

309

310

311

312

King + rook vs. king + bishop + pawn
King + rook vs. king + queen + knight

White to move.

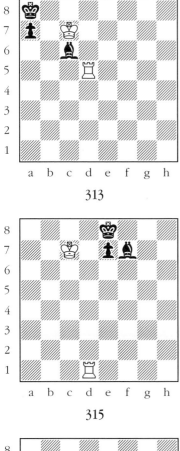

313

314

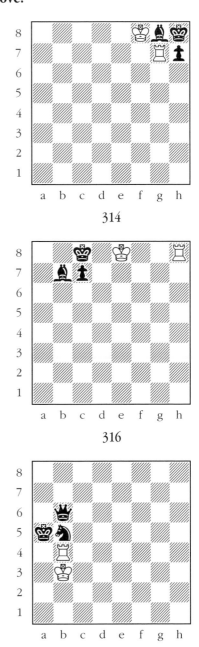

315

316

317

318

King + rook vs. king + queen + pawn
King + rook vs. king + knight + pawn

White to move.

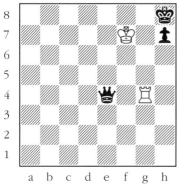

319

320

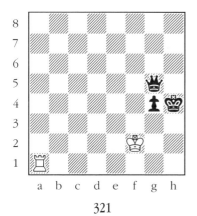

321

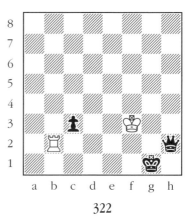

322

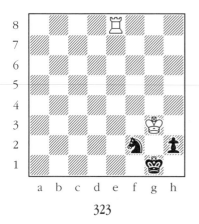

323

60

324

King + bishop vs. king + two bishops
King + bishop vs. king + two knights
King + bishop vs. king + two pawns

White to move.

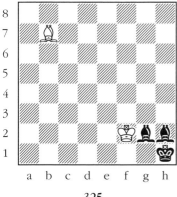

325

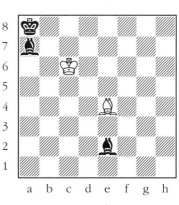

326

327

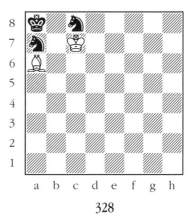

328

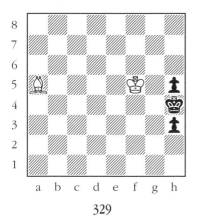

329

330

King + bishop vs. king + rook + bishop
King + bishop vs. king + rook + knight
King + bishop vs. king + rook + pawn

White to move.

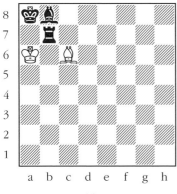

331

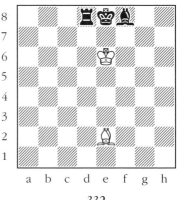

332

333

334

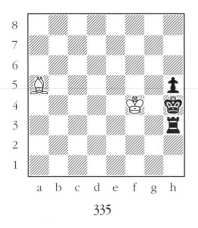

335

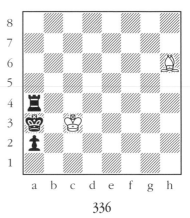

336

King + bishop vs. king + bishop + queen
King + bishop vs. king + bishop + knight
King + bishop vs. king + bishop + pawn

Black to move.

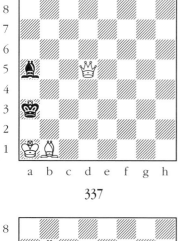

337

338

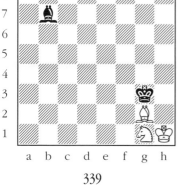

339

340

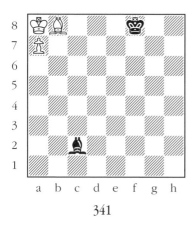

341

342

King + bishop vs. king + queen + knight
King + bishop vs. king + queen + pawn
King + bishop vs. king + knight + pawn

White to move.

343

344

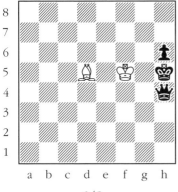

345

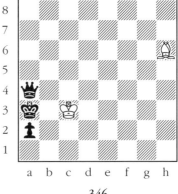

346

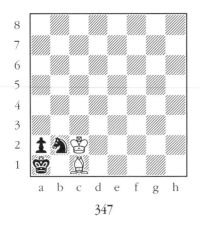

347

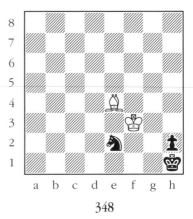

348

King + queen vs. king + two rooks
King + queen vs. king + two bishops
King + queen vs. king + two knights

White to move.

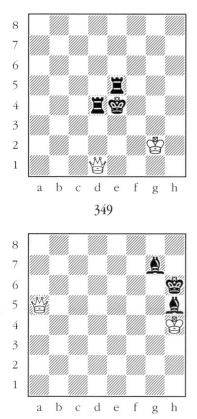

349

350

351

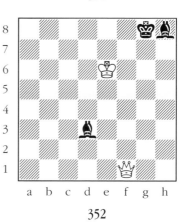

352

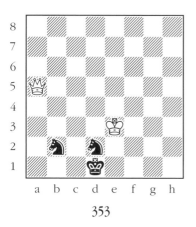

353

354

King + queen vs. king + two pawns
King + queen vs. king + rook + bishop
King + queen vs. king + rook + queen

Black to move.

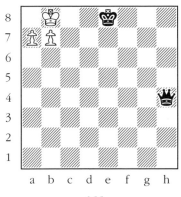

355

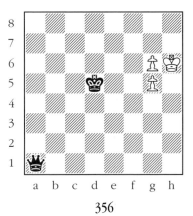

356

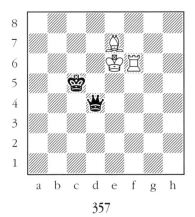

357

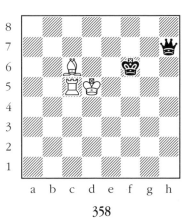

358

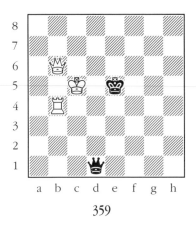

359

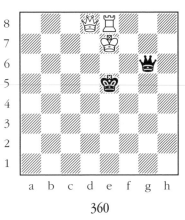

360

King + queue vs. king + rook + knight
King + queen vs.king + rook + pawn
King + queen vs. king + bishop + queen
White to move.

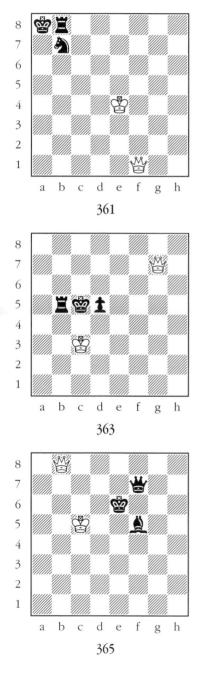

361

362

363

364

365

366

King + queen vs. king + bishop + knight
King + queen vs. king + bishop + pawn
King + queen vs. king + queen + knight

White to move.

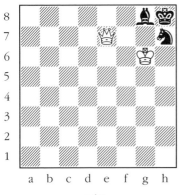

367

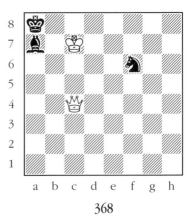

368

369

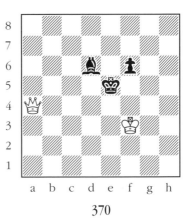

370

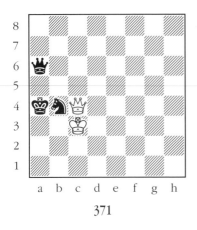

371

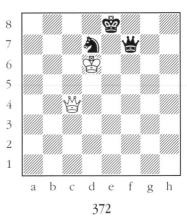

372

King + queen vs. king + queen + pawn
King + queen vs. king + knight + pawn
White to move.

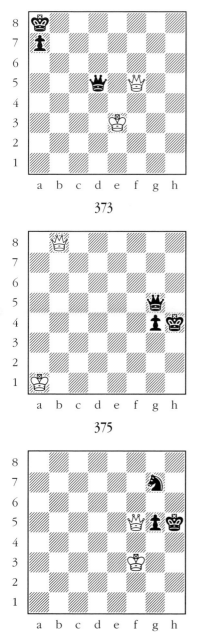

373

374

375

376

377

378

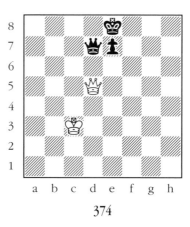

King + knight vs. king + two rooks
King + knight vs. king + two bishops
King + knight vs. king + two knights

White to move.

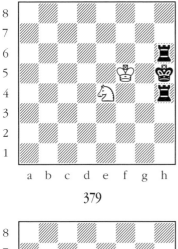

379

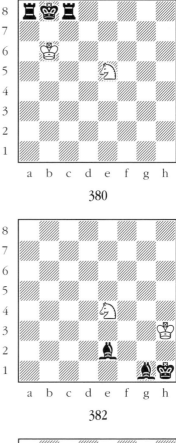

380

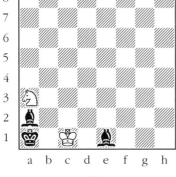

381

382

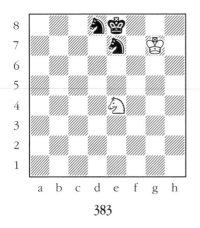

383

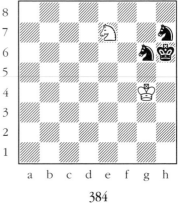

384

King + knight vs. king + two pawns
King + knight vs. king + rook + bishop
King + knight vs. king + rook + queen

Black to move.

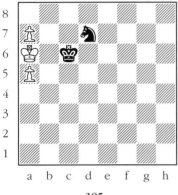

385

386

387

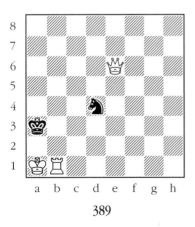

388

389

390

King + knight vs. king + rook + knight
King + knight vs. king + rook + pawn
King + knight vs. king + bishop + queen
White to move.

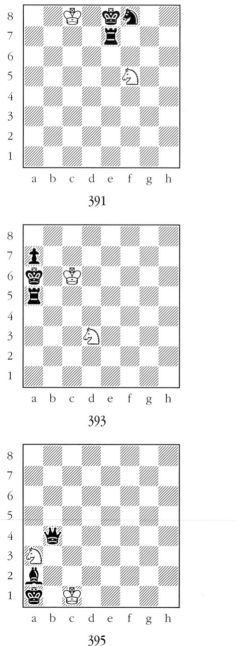

391

392

393

394

395

72

396

King + knight vs. king + bishop + knight
King + knight vs. king + bishop + pawn
King + knight vs. king + queen + knight

White to move.

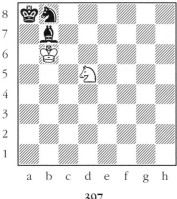

397

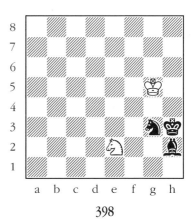

398

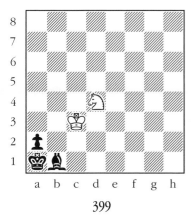

399

400

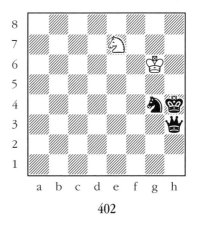

401

402

King + knight vs. king + queen + pawn
King + knight vs. king + knight + pawn

White to move.

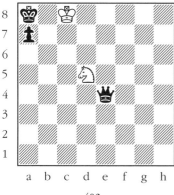

403

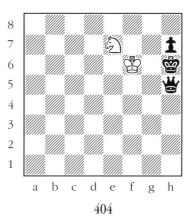

404

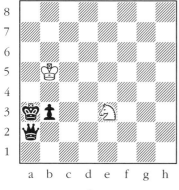

405

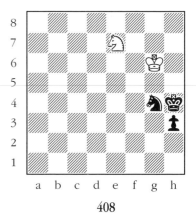

406

407

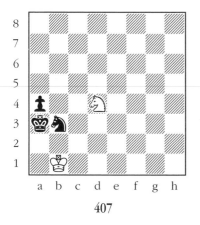

408

King + pawn vs. king + two rooks
King + pawn vs. king + two bishops
King + pawn vs. king + two knights

White to move.

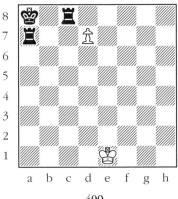

409

410

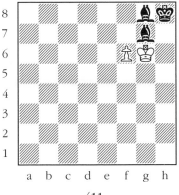

411

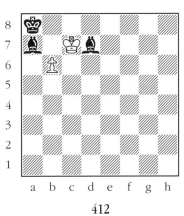

412

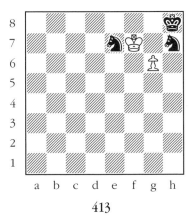

413

414

King + pawn vs. king + two pawns
King + pawn vs. king + rook + bishop
King + pawn vs. king + rook + queen

Black to move.

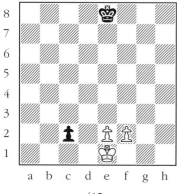

415

416

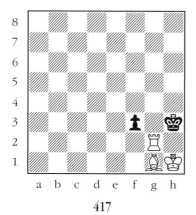

417

418

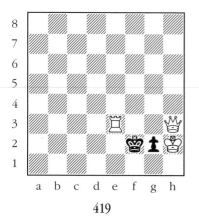

419

420

76

King + pawn vs. king + rook + knight
King + pawn vs. king + rook + pawn
King + pawn vs. king + bishop + queen

White to move.

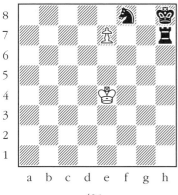

421

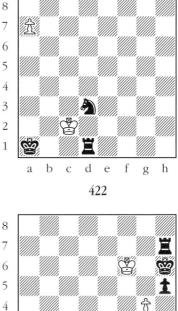

422

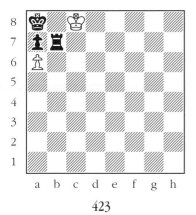

423

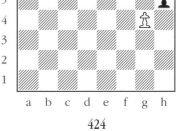

424

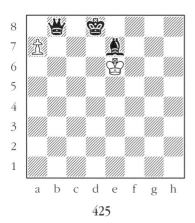

425

426

King + pawn vs. king + bishop + knight
King + pawn vs. king + bishop + pawn
King + pawn vs. king + queen + knight

White to move.

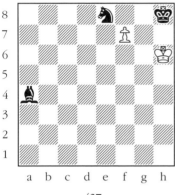

427

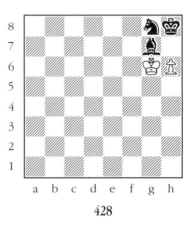

428

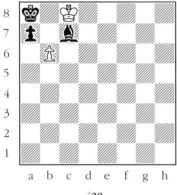

429

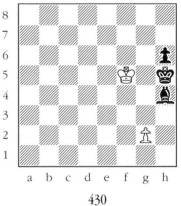

430

431

432

King + pawn vs. king + queen + pawn

King + pawn vs. king + knight + pawn

White to move.

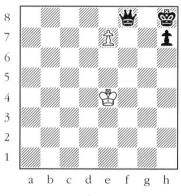

433

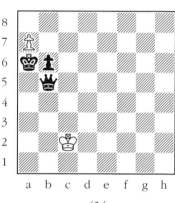

434

435

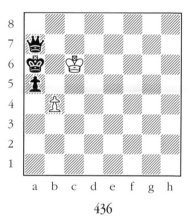

436

437

438

King + two rooks vs. king + rook
King + two rooks vs. king + bishop
King + two rooks vs. king + queen

White to move.

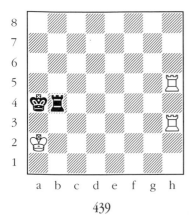

439

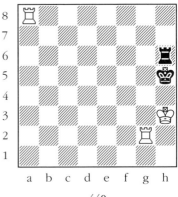

440

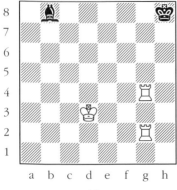

441

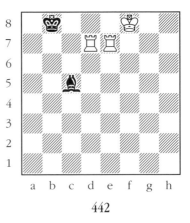

442

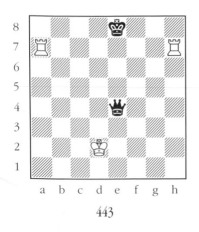

443

444

King + two rooks vs. king + knight
King + two rooks vs. king + pawn
King + two bishops vs. king + rook

Black to move.

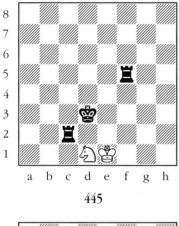

445

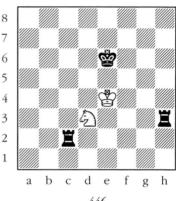

446

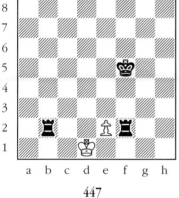

447

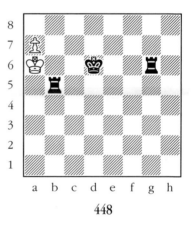

448

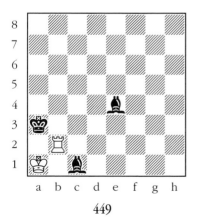

449

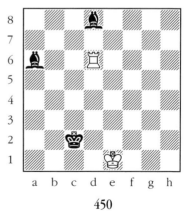

450

King + two bishops vs. king + bishop
King + two bishops vs. king + queen
King + two bishops vs. king + knight

White to move.

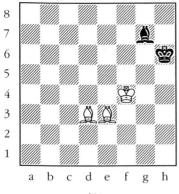

451

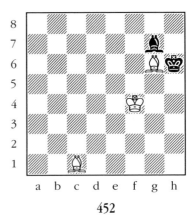

452

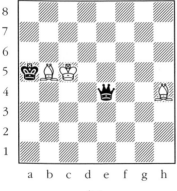

453

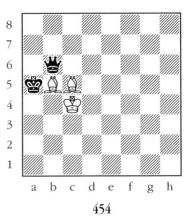

454

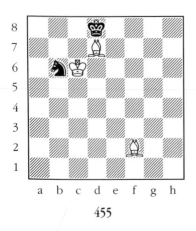

455

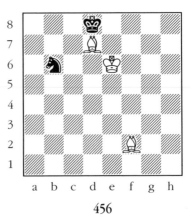

456

King + two bishops vs. king + pawn
King + two knights vs king + rook
King + two knights vs. king + bishop

White to move.

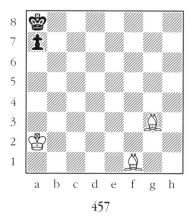

457

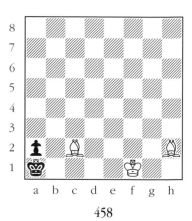

458

459

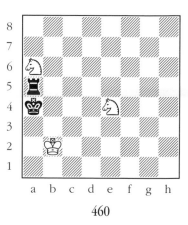

460

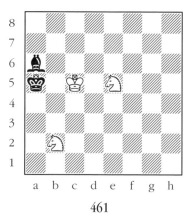

461

462

King + two knights vs. king + queen
King + two knights vs. king + knight
King + two knights vs. king + pawn

White to move.

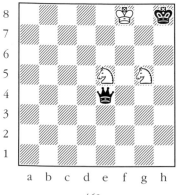

463

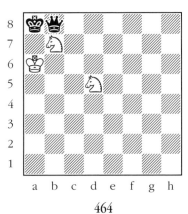

464

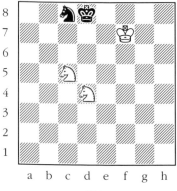

465

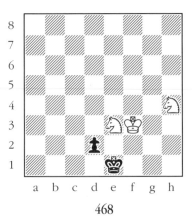

466

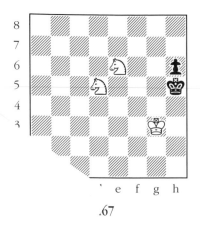

.67

468

King + two pawns vs. king + rook
King + two pawns vs. king + bishop
King + two pawns vs. king + queen

White to move.

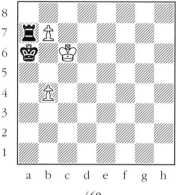

469

470

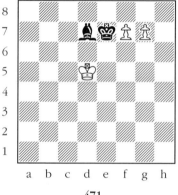

471

472

473

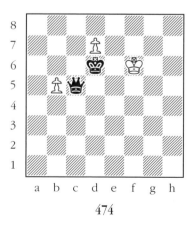

474

King + two pawns vs. king + knight
King + two pawns vs. king + pawn

Black to move.

475

476

477

478

479

480

King + two rooks + bishop vs. king
King + two rooks + queen vs. king
King + two rooks + knight vs. king

White to move.

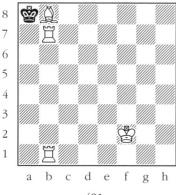

481

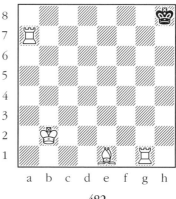

482

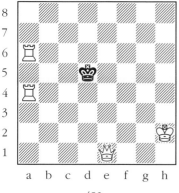

483

484

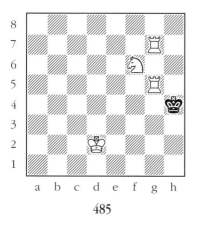

485

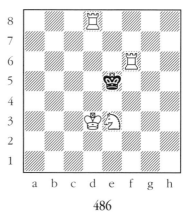

486

King + two rooks + pawn vs. king
King + two bishops + rook vs. king
King + two bishops + queen vs. king

White to move.

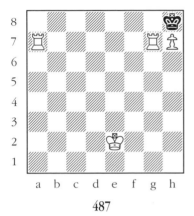

487

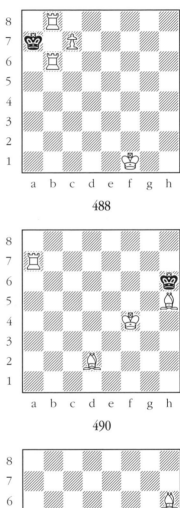

488

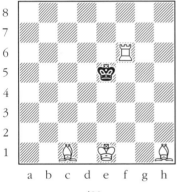

489

490

491

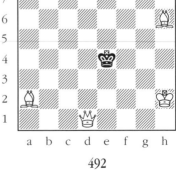

492

King + two bishops + knight vs. king
King + two bishops + pawn vs. king
King + two knights + rook vs. king

White to move.

493

494

495

496

497

498

King + two knights + bishop vs. king
King + two knights + queen vs. king
King + two knights + pawn vs. king

White to move.

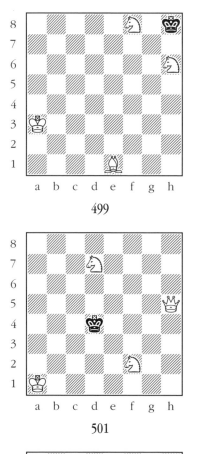

499

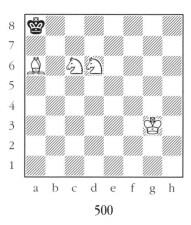

500

501

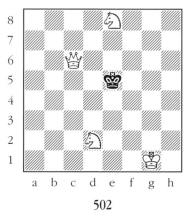

502

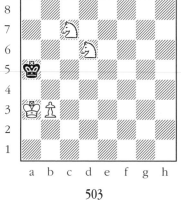

503

504

King + three pawns vs. king
King + two pawns + rook vs. king

Black to move.

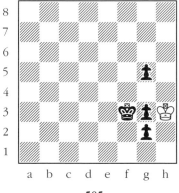

505

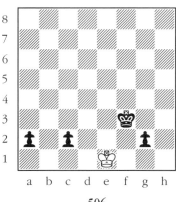

506

507

508

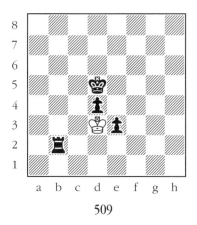

509

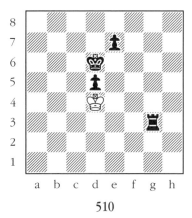

510

King + two pawns + bishop vs. king
King + two pawns + queen vs. king
King + two pawns + knight vs. king

White to move.

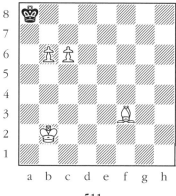

511

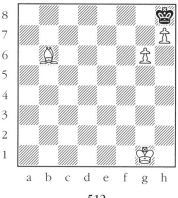

512

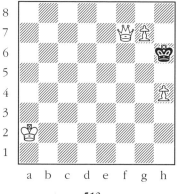

513

514

515

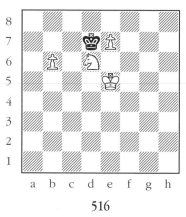

516

King + rook + bishop + queen vs. king
King + rook + bishop + knight vs. king
King + rook + bishop + pawn vs. king

White to move.

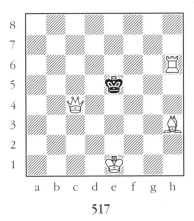

517

518

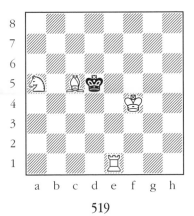

519

520

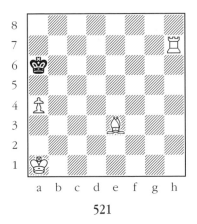

521

522

King + rook + queen + knight vs. king
King + rook + queen + pawn vs. king
King + rook + knight + pawn vs. king

White to move.

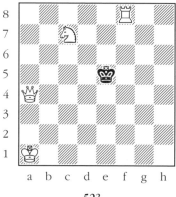

523

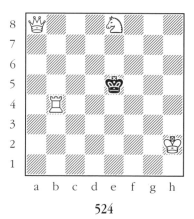

524

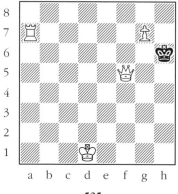

525

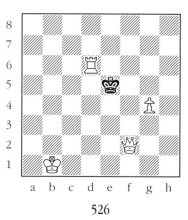

526

527

528

94

King + bishop + queen + knight vs. king
King + bishop + queen + pawn vs. king

Black to move.

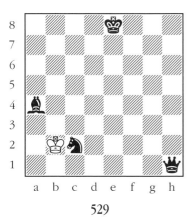

529

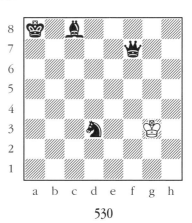

530

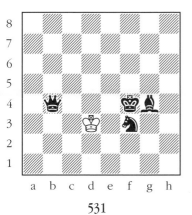

531

532

533

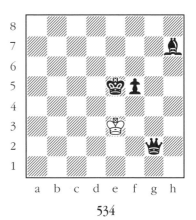

534

King + bishop + knight + pawn vs. king
King + queen + knight + pawn vs. king

White to move.

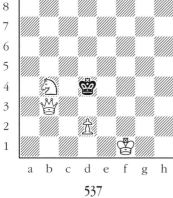

535

536

537

538

539

540

96

Exercises

White to move.

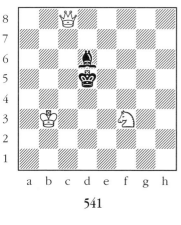

541

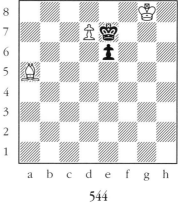

542

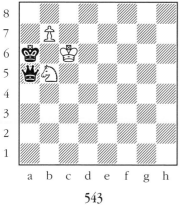

543

544

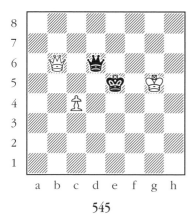

545

546

White to move.

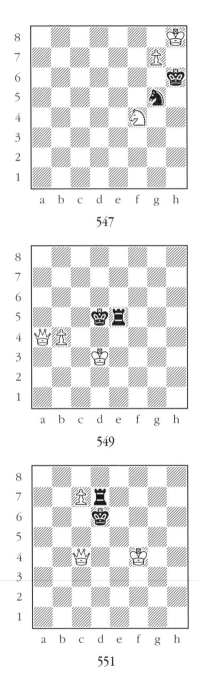

547

549

551

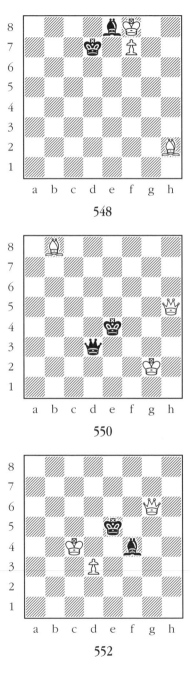

548

550

552

553

554

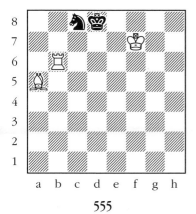

555

556

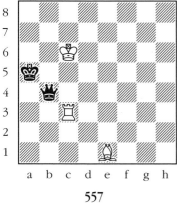

557

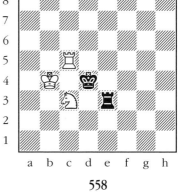

558

Black to move.

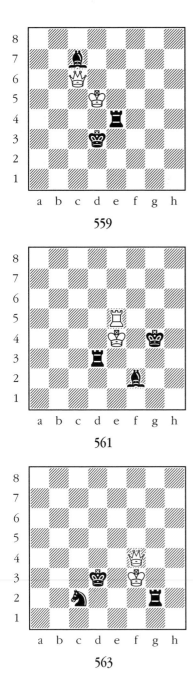

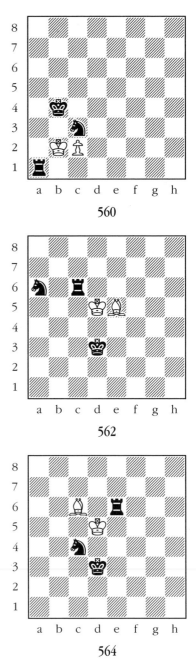

559

560

561

562

563

564

100

White to move.

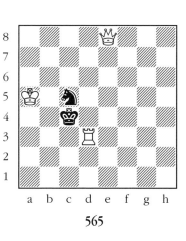

565

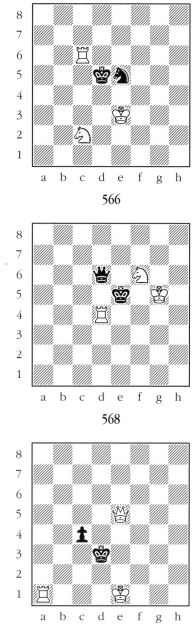

566

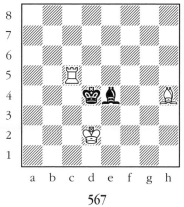

567

568

569

570

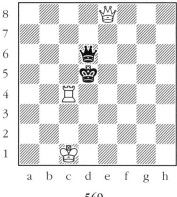

101

White to move.

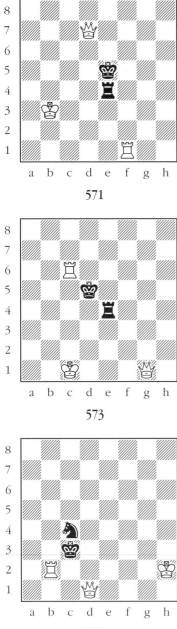

571

572

573

574

575

576

102

Black to move.

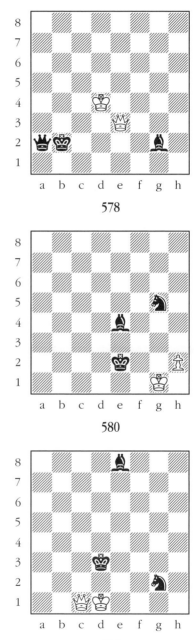

577

578

579

580

581

582

103

White to move.

583

584

585

586

587

588

104

White to move.

589

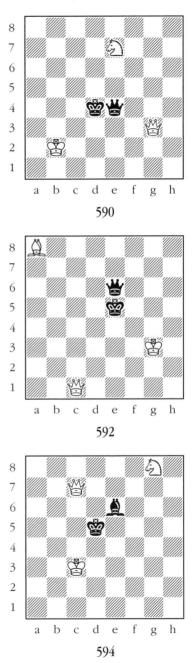

590

591

592

593

594

105

Fun Puzzles

The king fell off the board! Black declared checkmate, but the white king got knocked off the board! **Where was White's king?**

595

597

599

596

598

600

Stolen piece! White declared checkmate, but Black took the mating piece off the board.
Where was the white piece that gave checkmate?

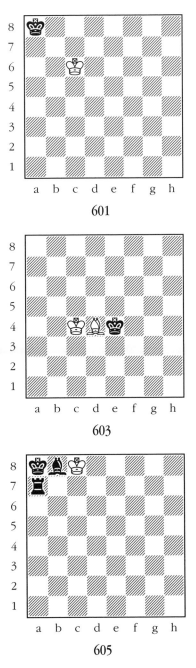

601

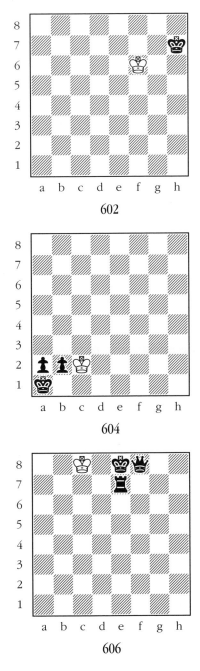

602

603

604

605

606

Fill in the color of the pieces: Black checkmated White, but the designer forgot to add color to the black pieces. Which pieces should be black?

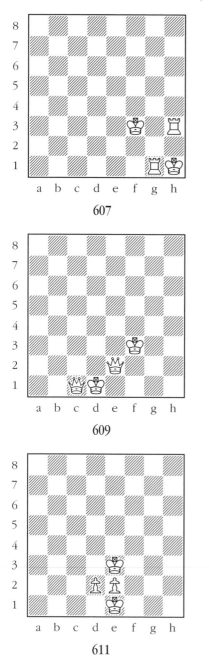

607

609

611

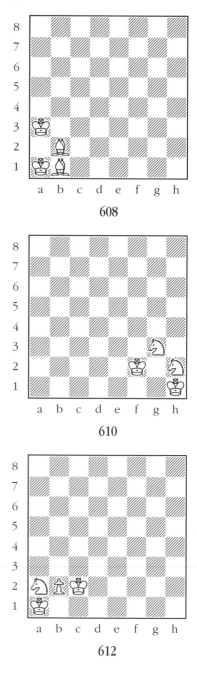

608

610

612

108

En passant: Black to move and checkmate White in one move. It looks impossible, but there is a solution. To solve the puzzle, figure out what was White's last move.

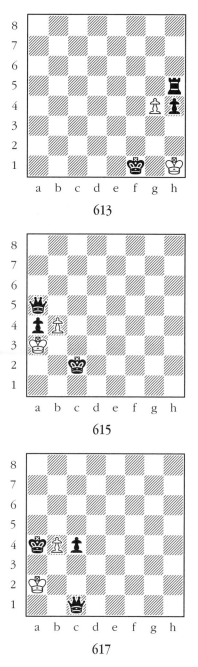

Solutions

1. 1. Ra6#.
2. 1. Rc8#.
3. 1. Rh4#.
4. 1. Rc8#.
5. 1. Rb8#.
6. 1. Rh8#.
7. 1...Qg2#.
8. 1...Qe1#.
9. 1...Qg2#.
10. 1...Qa1#.
11. 1...Qb2#.
12. 1...Qg3#.
13. 1. Qh8#.
14. 1. Qg7#.
15. 1. Qa2#.
16. 1. Qh4#.
17. 1. Qa8#.
18. 1. Qd7#.
19. 1...Qg1#.
20. 1...Qe2#.
21. 1...Qb2#.
22. 1...Qa5#.
23. 1...Qg3#.
24. 1...Qh5#.
25. 1. f8Q(R)#.
26. 1. f8Q(R)#.
27. 1. h8Q(R)#.
28. 1. e8Q#.
29. 1. a8Q#.
30. 1. b8Q#.
31. 1. Rb8#.
32. 1. Rf8#.
33. 1. Rh7#.
34. 1. Ra8#.
35. 1. Rh3#.
36. 1. Re1#.
37. 1...Rxf1#.
38. 1...Rc1#.
39. 1...Rh1#.
40. 1...Re1#.

41. 1...Ra1#.
42. 1...Rxa1#.
43. 1. Rxa1#.
44. 1. Rh6#.
45. 1. Rxh1#.
46. 1. Rd8#.
47. 1. Rh4#.
48. 1. Rd8#.
49. 1. Rg8#.
50. 1. Rxa8#.
51. 1. Ra6#.
52. 1. Rf8#.
53. 1. Rb8#.
54. 1. Rh2#.
55. 1...Rc1#.
56. 1...Kf2#.
57. 1...Rh1#.
58. 1...Ra1#.
59. 1...Ra8#.
60. 1...Rh8#.
61. 1. Bc6#.
62. 1. Bg7#.
63. 1. Bd5#.
64. 1. Bd4#.
65. 1. Kc7#.
66. 1. Kg6#.
67. 1. Bg7#.
68. 1. Bb7#.
69. 1. Bb2#.
70. 1. Bg2#.
71. 1. Bb7#.
72. 1. Bb2#.
73. 1. Bg2#.
74. 1. Bb2#.
75. 1. Kc7#.
76. 1. Bc3#.
77. 1. Bd5#.
78. 1. Kf2#.
79. 1. Qa6#.
80. 1. Qh6#.

81. 1. Qa8#.
82. 1. Qe1#.
83. 1. Qg8#.
84. 1. Qg5#.
85. 1...Qa3#.
86. 1...Qh8#.
87. 1...Qc2#.
88. 1...Qh1#.
89. 1...Qa4#.
90. 1...Qb2#.
91. 1. Qb8#.
92. 1. Qc3#.
93. 1. Kc2#.
94. 1. Qg8#.
95. 1. Qg3#.
96. 1. Qd7#.
97. 1. Qb8#.
98. 1. Qe8#.
99. 1. Qa3#.
100. 1. Qg4#.
101. 1. Qa3#.
102. 1. Qc2#.
103. 1...Qxh1#.
104. 1...Qh6#.
105. 1...Qxe1#.
106. 1...Qh5#.
107. 1...Qf7#.
108. 1...Qf8#.
109. 1. Qb7#.
110. 1. Qg8#.
111. 1. Qxg5#.
112. 1. Qb2#.
113. 1. Qe7#.
114. 1. Qe2#.
115. 1. Qc8#.
116. 1. Qf8#.
117. 1. Qc1#.
118. 1. Qa8#.
119. 1. Kf2#.
120. 1. Qc3#.

121. 1...Qf8#.
122. 1...Qc1#.
123. 1...Qa8#.
124. 1...Qf4#.
125. 1...Qb4#.
126. 1...Qa4#.
127. 1. Nc7#.
128. 1. Ng6#.
129. 1. Nb3#.
130. 1. Nf2#.
131. 1. Nb6#.
132. 1. Nf7#.
133. 1. Nc2#.
134. 1. Ng3#.
135. 1. Nc7#.
136. 1. Ng6#.
137. 1. Nc2#.
138. 1. Nf2#.
139. 1...Ng6#.
140. 1...Nc7#.
141. 1...Nc2#.
142. 1...Nf2#.
143. 1...Ng6#.
144. 1...Nc7#.
145. 1. f8Q#.
146. 1. h8Q#.
147. 1. b8Q#.
148. 1. b8Q#.
149. 1. h8Q#.
150. 1. gxh8Q#.
151. 1. b7#.
152. 1. g7#.
153. 1. h8Q(B)#.
154. 1. a8Q(B)#.
155. 1. cxb8Q#.
156. 1. g8Q#.
157. 1...h1Q#.
158. 1...axb1Q#.
159. 1...f1Q#.
160. 1...g1Q#.

161. 1...bxc1Q#.
162. 1...h1Q#.
163. 1. b7#.
164. 1. fxg8Q#.
165. 1. d8Q(R)#.
166. 1. b8Q#.
167. 1. fxe8Q#.
168. 1. a8Q#.
169. 1. c8Q#.
170. 1. g7#.
171. 1. h8Q(B)#.
172. 1. b8Q#.
173. 1. a8Q(R)#.
174. 1. g8Q#.
175. 1. Ra1#.
176. 1. Rd8#.
177. 1. Rh8#.
178. 1. Rh2#.
179. 1. Ka7#.
180. 1. 0-0#.
181. 1...Kg3#.
182. 1...0-0-0#.
183. 1...Rh1#.
184. 1...R3b2#.
185. 1...R8e3#.
186. 1...Rg5#.
187. 1. Bb7#.
188. 1. Bb2#.
189. 1. Ba5#.
190. 1. Be1#.
191. 1. Bb3#.
192. 1. Bc8#.
193. 1. Qa6#.
194. 1. Qga8#.
195. 1. Qe7#.
196. 1. Qa3#.
197. 1. Qad3#.
198. 1. Qcf5#.
199. 1. Nc2#.
200. 1. Nhg3#.
201. 1. Ndb6#.
202. 1. Nf7#.

203. 1. Nd3#.
204. 1. Nd6#.
205. 1. c8Q#.
206. 1. f7#.
207. 1. b7#.
208. 1. h8Q#.
209. 1. b8Q#.
210. 1. d8Q#.
211. 1...d2#.
212. 1...g1Q#.
213. 1...d1Q#.
214. 1...a1Q#.
215. 1...g1Q#.
216. 1...a1Q#.
217. 1. Rb8#.
218. 1. Bd4#.
219. 1. Kf7#.
220. 1. Rh8#.
221. 1. Be6#.
222. 1. Bf5#.
223. 1. Qb7#.
224. 1. Qg6#.
225. 1. Rc8#.
226. 1. Qh8#.
227. 1. 0-0-0#.
228. 1. Qd4#.
229. 1...Rh1#.
230. 1...Kc2#.
231. 1...0-0#.
232. 1...Qe6#.
233. 1...Qb4#.
234. 1...Rd5#.
235. 1. Rh7#.
236. 1. Nc7#.
237. 1. Kf7#.
238. 1. Rc8#.
239. 1. Nf4#.
240. 1. Rb4#.
241. 1. g8Q#.
242. 1. c8Q(R)#.
243. 1. h8Q(B)#.
244. 1. Kb6#.

245. 1. Rb8#.
246. 1. d8Q#.
247. 1. Qa6#.
248. 1. Qh7#.
249. 1. Be8#.
250. 1. Qc3#.
251. 1. Qe4#.
252. 1. Qe3#.
253. 1. Be4#.
254. 1. Nf7#.
255. 1. Bb2#.
256. 1. Ng3#.
257. 1. Nf6#.
258. 1. Be8#.
259. 1...c1Q#.
260. 1...Kf2#.
261. 1...g5#.
262. 1...Bh5#.
263. 1...d1Q#.
264. 1...e1Q#.
265. 1. Qh7#.
266. 1. Nf6#.
267. 1. Nd7#.
268. 1. Qd7#.
269. 1. Qe4#.
270. 1. Qe4#.
271. 1. c8Q#.
272. 1. Qe7#.
273. 1. d8Q#.
274. 1. f8Q#.
275. 1. Qd5#.
276. 1. Qc5#.
277. 1. c8Q#.
278. 1. g7#.
279. 1. Nc7#.
280. 1. Nc7#.
281. 1. h8Q#.
282. 1. d8Q#.
283. 1...Rxh7#.
284. 1...Rxa1#.
285. 1...Rd1#.
286. 1...Rd2#.

287. 1...Re1#.
288. 1...Rxa8#.
289. 1. Rf8#.
290. 1. Rd7#.
291. 1. Rg8#.
292. 1. Ra4#.
293. 1. Ke7#.
294. 1. Rf8#.
295. 1. Ra1#.
296. 1. Rb8#.
297. 1. Rxh3#.
298. 1. Ra8#.
299. 1. Rh3#.
300. 1. Rh8#.
301. 1. Rf8#.
302. 1. Ra6#.
303. 1. Rd7#.
304. 1. Rf5#.
305. 1. Rg3#.
306. 1. Ra1#.
307. 1...Rxa3#.
308. 1...Rc1#.
309. 1...Rxh3#.
310. 1...Ra8#.
311. 1...Rxg1#.
312. 1...Re1#.
313. 1. Rd8#.
314. 1. Rxg8#.
315. 1. Rd8#.
316. 1. Ke7#.
317. 1. Rh2#.
318. 1. Ra4#.
319. 1. Rg8#.
320. 1. Rxa8#.
321. 1. Rh1#.
322. 1. Rb1#.
323. 1. Re1#.
324. 1. Rb4#.
325. 1. Bxg2#.
326. 1. Kc7#.
327. 1. Bxg7#.
328. 1. Bb7#.

329. 1. Be1#.	371. 1. Qxb4#.	413. 1. g7#.	455. 1. Bh4#.
330. 1. Bf8#.	372. 1. Qc8#.	414. 1. fxg8Q#.	456. 1. Bxb6#.
331. 1. Bxb7#.	373. 1. Qc8#.	415. 1...c1Q#.	457. 1. Bg2#.
332. 1. Bh5#.	374. 1. Qg8#.	416. 1...b5#.	458. 1. Be5#.
333. 1. Bb2#.	375. 1. Qh2#.	417. 1...fxg2#.	459. 1. Nf6#.
334. 1. Bg2#.	376. 1. Qd4#.	418. 1...a1Q#.	460. 1. Nc3#.
335. 1. Bd8#.	377. 1. Qh7#.	419. 1...g1Q#.	461. 1. Nc6#.
336. 1. Bc1#.	378. 1. Qxd2#.	420. 1...e1Q#.	462. 1. Ne6#.
337. 1... Bc3#.	379. 1. Ng3#.	421. 1. exf8Q#.	463. 1. Nef7#.
338. 1... Bh4#.	380. 1. Nd7#.	422. 1. a8Q(R)#.	464. 1. Nb6#.
339. 1... Bxg2#.	381. 1. Nc2#.	423. 1. axb7#.	465. 1. Nde6#.
340. 1... Kxb3#.	382. 1. Ng3#.	424. 1. g5#.	466. 1. Nf5#.
341. 1... Be4#.	383. 1. Nf6#.	425. 1. axb8Q#.	467. 1. Ndf4#.
342. 1... Be1#.	384. 1. Nf5#.	426. 1. f8Q#.	468. 1. Nhg2#.
343. 1. Bb2#.	385. 1...Nc5#.	427. 1. f8Q(R)#.	469. 1. b8N#.
344. 1. Bxg2#.	386. 1...Nf3#.	428. 1. hxg7#.	470. 1. e8Q#.
345. 1. Bf7#.	387. 1...Ng3#.	429. 1. b7#.	471. 1. f8Q#.
346. 1. Bc1#.	388. 1...Nf3#.	430. 1. g4#.	472. 1. e8Q#.
347. 1. Bxb2#.	389. 1...Nc2#.	431. 1. g8Q#.	473. 1. d8Q#.
348. 1. Kf2#.	390. 1...Nd3#.	432. 1. cxd8Q#.	474. 1. d8Q#.
349. 1. Qf3#.	391. 1. Nd6#.	433. 1. exf8Q#.	475. 1...cxb2#.
350. 1. Qg5#.	392. 1. Nf5#.	434. 1. a8Q#.	476. 1...fxg2#.
351. 1. Qxh5#.	393. 1. Nb4#.	435. 1. c8Q#.	477. 1...b1N#.
352. 1. Qf7#.	394. 1. Nf3#.	436. 1. b5#.	478. 1...e1Q#.
353. 1. Qxd2#.	395. 1. Nc2#.	437. 1. dxc8Q#.	479. 1...f1Q#.
354. 1. Qh7#.	396. 1. Ng3#.	438. 1. g7#.	480. 1...d1Q#.
355. 1... Qd8#.	397. 1. Nc7#.	439. 1. Ra3#.	481. 1. Ra7#.
356. 1... Qh8#.	398. 1. Nf4#.	440. 1. Ra5#.	482. 1. Bc3#.
357. 1... Qd5#.	399. 1. Nb3#.	441. 1. Rh4#.	483. 1. Qa5#.
358. 1... Qd3#.	400. 1. Nc7#.	442. 1. Rd8#.	484. 1. Qd5#.
359. 1... Qd5#.	401. 1. Nd6#.	443. 1. Rh8#.	485. 1. Rh5#.
360. 1... Qg7#.	402. 1. Nf5#.	444. 1. Ra5#.	486. 1. Ng4#.
361. 1. Qa6#.	403. 1. Nc7#.	445. 1... Re2#.	487. 1. Rg8#.
362. 1. Qf8#.	404. 1. Ng8#.	446. 1...Rc4#.	488. 1. c8N#.
363. 1. Qc7#.	405. 1. Nc4#.	447. 1... Rf1#.	489. 1. Bb2#.
364. 1. Qb5#.	406. 1. Ng7#.	448. 1...Kc5#.	490. 1. Kg4#.
365. 1. Qd6#.	407. 1. Nc2#.	449. 1...Bxb2#.	491. 1. Qd4#.
366. 1. Qe4#.	408. 1. Nf5#.	450. 1...Bh4#.	492. 1. Qd5#.
367. 1. Qg7#.	409. 1. dxc8Q#.	451. 1. Kg4#.	493. 1. Nc5#.
368. 1. Qc6#.	410. 1. c8Q#.	452. 1. Kf5#.	494. 1. Ne5#.
369. 1. Qh8#.	411. 1. fxg7#.	453. 1. Bd8#.	495. 1. b4#.
370. 1. Qe4#.	412. 1. b7#.	454. 1. Bb4#.	496. 1. Be4#.

497. 1. ♘f4#.	539. 1. ♕c4#.	581. 1...♘c3#.
498. 1. ♖d6#.	540. 1. ♕d4#.	582. 1...♗h5#.
499. 1. ♗c3#.	541. 1. ♕c4#.	583. 1. ♗e8#.
500. 1. ♗b7#.	542. 1. e4#.	584. 1. ♘f2#.
501. 1. ♕c5#.	543. 1. b8♘#.	585. 1. ♖b4#.
502. 1. ♕e4#.	544. 1. d8♕#.	586. 1. ♘e3#.
503. 1. ♘c4#.	545. 1. ♕e3#.	587. 1. ♘f7#.
504. 1. g8♘#.	546. 1. ♕e3#.	588. 1. ♘g3#.
505. 1...g1♘#.	547. 1. g8♘#.	589. 1. ♕d7#.
506. 1...c1♕#.	548. 1. fxe8♕#.	590. 1. ♕c3#.
507. 1...b1♕#.	549. 1. ♕d7#.	591. 1. ♕e5#.
508. 1...e1♕#.	550. 1. ♕e5#.	592. 1. ♕f4#.
509. 1... ♖d2#.	551. 1. c8♘#.	593. 1. ♕xf4#.
510. 1...e5#.	552. 1. d4#.	594. 1. ♘f6#.
511. 1. c7#.	553. 1. ♖b8#.	595. ♔d1.
512. 1. ♗d4#.	554. 1. ♖a2#.	596. ♔c8.
513. 1. g8♘#.	555. 1. ♖d6#.	597. ♔e1.
514. 1. ♕d6#.	556. 1. ♗f2#.	598. ♔d5.
515. 1. g4#.	557. 1. ♖a3#.	599. ♔e5.
516. 1. e8♕#.	558. 1. ♖d5#.	600. ♔f6.
517. 1. ♖e6#.	559. 1...♖e5#.	601. ♕b7.
518. 1. ♕d4#.	560. 1...♖b1#.	602. ♕g7.
519. 1. ♖e5#.	561. 1...♖d4#.	603. ♕g4.
520. 1. ♖d4#.	562. 1...♘b4#.	604. ♘b3.
521. 1. ♖a7#.	563. 1...♘e1#.	605. ♘b6.
522. 1. f8♘#.	564. 1...♖e5#.	606. ♘d6.
523. 1. ♕f4#.	565. 1. ♕b5#.	607. ♔f3, ♖h3.
524. 1. ♕e4#.	566. 1. ♘b4#.	608. ♔a3, ♗b2.
525. 1. g8♘#.	567. 1. ♗f2#.	609. ♔f3, ♕e2.
526. 1. ♕d4#.	568. 1. ♖e4#.	610. ♔f2, ♘g3.
527. 1. ♖f4#.	569. 1. ♕e4#.	611. ♔e3, ♙d2, ♙e2.
528. 1. g4#.	570. 1. 0-0-0#.	612. ♔c2, ♙b2.
529. 1...♕a1#.	571. 1. ♖f5#.	613. 1...hxg3# (the last move by White was g2-g4, and Black can capture *en passant*).
530. 1...♕f2#.	572. 1. ♕c3#.	614. 1...axb3#.
531. 1...♘e1#.	573. 1. ♕c5#.	615. 1...axb3#.
532. 1...♕e5#.	574. 1. 0-0#.	616. 1...hxg3#.
533. 1...♕d3#.	575. 1. ♖b3#.	617. 1...cxb3#.
534. 1...f4#.	576. 1. ♖c5#.	618. 1...hxg3#.
535. 1. g4#.	577. 1...♕c5#.	
536. 1. c4#.	578. 1...♕d5#.	
537. 1. ♕d5#.	579. 1...♗b2#.	
538. 1. ♕e6#.	580. 1...♘h3#.	